# Gravedad

**Don Herweck**

## Asesora

**Michelle Alfonsi**
Ingeniera, Southern California
Aerospace Industry

**Créditos de imágenes:** págs.2–3 Team Sandtastic;
pág.8 (izquierda) age fotostock Spain, S.L./Alamy;
págs.12–13 Cultura Creative/Alamy; págs.5–7,
11, 13, 25 (ilustraciones) Tim Bradley; págs.18–19
Gravity Glue; contraportada, págs.4–5 (fondo), 8
(fondo), 16 (izquierda), 17 (superior), 20–25 (fondo)
iStock; págs.28–29 (ilustraciones) Janelle Bell-Martin;
págs.17 (derecha inferior), 18 (izquierda inferior)
NASA; pág.4 Isis Sousa; pág.20 Chase Studio/Science
Source; pág.21 (superior, ambas) GIPhotoStock/
Science Source; págs.26–27 Paul Wootton/Science
Source; pág.7 (superior) Photo Researchers/Science
Source; todas las demás imágenes cortesía de
Shutterstock.

**Teacher Created Materials**
5301 Oceanus Drive
Huntington Beach, CA 92649-1030
http://www.tcmpub.com
**ISBN 978-1-4258-4682-4**
© 2017 Teacher Created Materials, Inc.

# Contenido

# Lo que sube debe bajar

Nadie puede negar el poder de la gravedad. No podemos ver la gravedad. Pero sentimos su efecto todos los días. Imagina cómo sería la vida sin ella. Los árboles, los edificios y los automóviles no se quedarían en el suelo. ¡Hasta el aire que respiramos se escaparía!

La gravedad es la **fuerza** que nos atrae hacia la Tierra. Atrae a los objetos entre sí. De hecho, todos los objetos son atraídos hacia la gravedad de otros objetos. Esto incluye a la Tierra y a la gente que vive en ella. La Tierra nos atrae y nosotros atraemos a la Tierra. ¿Pero qué hay detrás de esta fuerza?

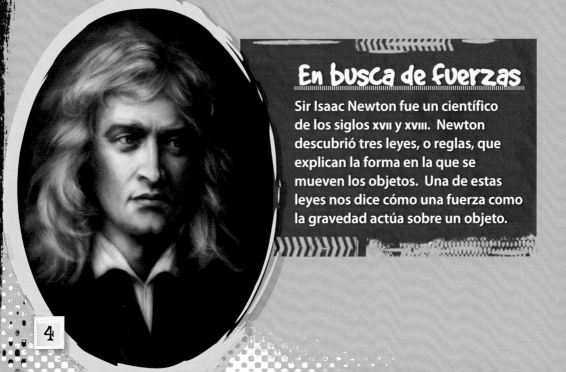

## En busca de fuerzas

Sir Isaac Newton fue un científico de los siglos XVII y XVIII. Newton descubrió tres leyes, o reglas, que explican la forma en la que se mueven los objetos. Una de estas leyes nos dice cómo una fuerza como la gravedad actúa sobre un objeto.

¡La vida sería muy diferente sin la gravedad!

# La estructura del espacio

El espacio está en todo nuestro alrededor. Nos movemos hacia arriba, hacia abajo, hacia delante y hacia atrás en él. No podemos verlo, pero el espacio está en todas partes.

El espacio es como una tela que no tiene fin y que se estira en todas las direcciones. Los objetos en el espacio curvan el área que está a su alrededor. Piensa en una pelota de tenis que está sobre un trozo de tela. La tela se curva debajo de la pelota. Y un objeto más grande, como una bola de boliche, tira de la tela incluso más. Una pequeña canica sobre la tela se caería hacia una pelota más grande. La gravedad funciona de la misma forma. Ocurre cuando los objetos curvan el espacio a su alrededor. Y al igual que las pelotas en la tela, los objetos en el espacio se caen uno hacia el otro.

## La distancia

Cuanto más cerca estén dos objetos, más se atraen entre sí. Cuando los objetos están más separados, los efectos de la gravedad son más débiles.

## Pensamientos profundos

Albert Einstein vivió en los siglos xix y xx. Pensó mucho en lo que podría ocasionar la gravedad. Desarrolló la idea de que la gravedad ocurre cuando los objetos curvan el espacio que está a su alrededor.

# Más masa = más gravedad

La gravedad varía según la masa de un objeto. La masa es la cantidad de **materia** que contiene un objeto. La materia es de lo que están hechas todas las cosas. Es fácil confundir la masa con el peso. Pero son diferentes. El peso es la fuerza de gravedad sobre la masa de un objeto. Cuando te paras en una balanza, la gravedad de la Tierra te atrae hacia abajo. Esto hace presión sobre la balanza. Cuanto más peses, más presión habrá sobre la balanza. El número que indica la balanza se llama *peso*.

La gravedad es la fuerza que jala esta manzana hacia abajo.

La masa de un objeto no cambia nunca. Pero el peso de un objeto cambia de acuerdo a dónde se encuentre en el universo. Si un objeto se encuentra en un lugar con mucha gravedad, como la Tierra, entonces pesa más. Si se encuentra en un lugar con menos gravedad, como la Luna, pesa menos.

## Medir la fuerza

Hace cientos de años, Newton descubrió la gravedad como una fuerza que puede medirse. En la actualidad, los científicos le rinden homenaje midiendo la fuerza de la gravedad en newtons (N). Al igual que la longitud puede medirse en pies, pulgadas o yardas; la gravedad puede medirse en newtons.

A menudo, los objetos más grandes tienen más masa. Pero la masa no siempre se relaciona con el tamaño. Algunos objetos muy pequeños pueden tener mucha masa. A veces, objetos muy grandes pueden tener menos masa que algo pequeño. Un ejemplo muy sencillo es una pelota de golf que tiene más masa que una pelota de playa. Es más pequeña, pero tiene más materia comprimida en el espacio.

Los objetos con más masa curvan más el espacio. Tienen más gravedad. Los objetos con menos masa tienen menos gravedad. Solo piensa en la bola de boliche y la canica. La canica cae hacia la bola de boliche en la tela del espacio. Lo mismo sucede con las personas y la Tierra. Las personas tienen menos masa de la que tiene la Tierra. Entonces, la gravedad de la Tierra es mayor. Las personas son atraídas hacia la Tierra. Es lo que impide que salgamos flotando hacia el espacio.

## ¡A la Luna!

Los viajes espaciales fueron posibles únicamente porque sabemos cómo funciona la gravedad. Una vez que los científicos conocieron la fuerza de la gravedad terrestre, calcularon la fuerza necesaria para superarla. Para escapar de la gravedad terrestre, ¡una nave espacial debe viajar a 40,234 kilómetros por hora (25,000 millas por hora)!

# ¿Qué te tira hacia abajo?

Todos los cuerpos **celestes** tienen una masa diferente.
Entonces la fuerza de gravedad cambia en cada uno.

| | LUNA | TIERRA | JÚPITER |
|---|---|---|---|
| |  |  | 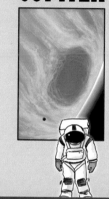 |
| Masa del cuerpo celeste | La masa de la Luna es 81 veces menor que la de la Tierra. | Estándar | La masa de Júpiter es 300 veces mayor que la de la Tierra. |
| Peso de una persona | Un adulto promedio pesaría 12 kilogramos (26 libras) en la Luna, aproximadamente lo mismo que un niño de 1 a 2 años en la Tierra. | Un adulto promedio en la Tierra pesa 70 kg (154 lb). | Un adulto promedio pesaría 165 kg (364 lb) en Júpiter, aproximadamente lo mismo que un tigre en la Tierra. |
| Cómo se siente | Si te quedaras durante demasiado tiempo, tus músculos se volverían blandos y débiles porque no tendrían que trabajar mucho para mantenerte de pie. | Se siente como en casa. | Sentirías como si te estuvieran aplastando contra el suelo. Tus músculos tendrían que trabajar mucho para que pudieras mantenerte de pie. |
| ¿Qué tan alto puedes saltar? | En la Luna, la mayoría de las personas podrían saltar 550 centímetros (18 pies). | En la Tierra, la mayoría de las personas pueden saltar 91 cm (3 pies). | En Júpiter, la mayoría de las personas podrían saltar 0 cm (0 pies). |

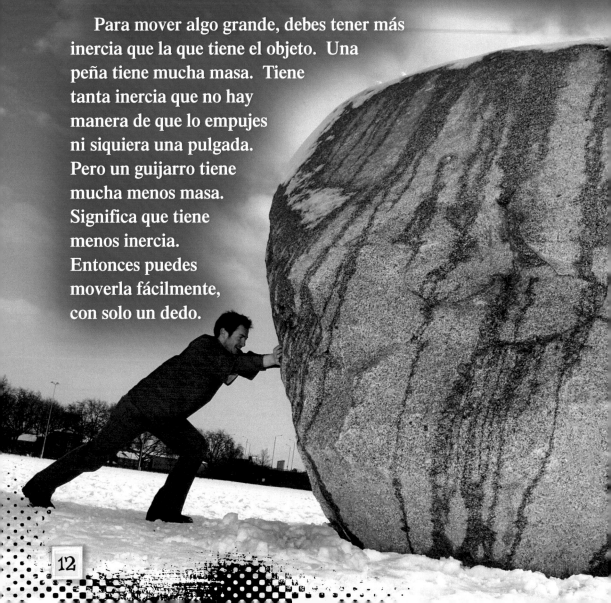

# Inercia

Newton descubrió que los objetos en movimiento se mantienen en movimiento. Y continuarán en movimiento a menos que algo los detenga. Un objeto en reposo, o que no está en movimiento, se queda en reposo hasta que algo lo empuje o lo jale. Newton llamó a esta ley del movimiento **inercia**.

Para mover algo grande, debes tener más inercia que la que tiene el objeto. Una peña tiene mucha masa. Tiene tanta inercia que no hay manera de que lo empujes ni siquiera una pulgada. Pero un guijarro tiene mucha menos masa. Significa que tiene menos inercia. Entonces puedes moverla fácilmente, con solo un dedo.

## Miau, ¡vaya!

Todo lo que tiene masa, tiene inercia. La vida en la Tierra ha desarrollado formas asombrosas de aprovecharla.

Cuando el gato moja la lengua en el agua, una pequeña cantidad de agua se le pega en la punta de la lengua.

Cuando el gato sube la lengua, la inercia del agua hace que un poco del líquido suba también.

El gato cierra la boca justo antes de que la gravedad actúe y envíe el agua nuevamente al tazón.

Los bailarines de breakdance usan la inercia de las piernas para girar sobre la cabeza.

La inercia y la gravedad actúan juntas sobre los objetos. Si lanzas una pelota, se desplaza en una trayectoria curva. Ahora, imagina lo que ocurriría si la gravedad no existiera. La inercia haría que la pelota siguiera avanzando en una línea recta. No habría nada que la detuviera. Pero en realidad, la gravedad está constantemente actuando sobre la pelota. Atrae la pelota hacia abajo. Entonces, la pelota está siempre cayendo. Pero cae en una trayectoria curva porque la inercia la empuja hacia delante.

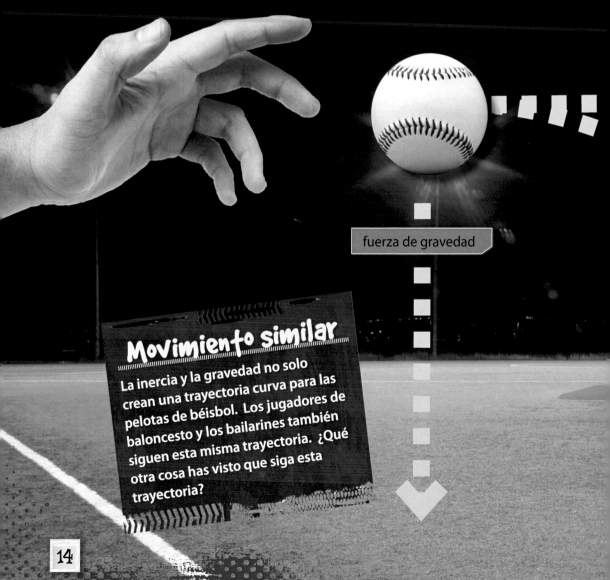

fuerza de gravedad

## Movimiento similar

La inercia y la gravedad no solo crean una trayectoria curva para las pelotas de béisbol. Los jugadores de baloncesto y los bailarines también siguen esta misma trayectoria. ¿Qué otra cosa has visto que siga esta trayectoria?

Para pegar más fuerte, los jugadores de béisbol agarran sus bates más arriba. Esto reduce la inercia y aumenta la velocidad del bate.

trayectoria de la inercia

trayectoria de la pelota

# Efectos de la gravedad

Todo lo que está en la Tierra se ve atraído a todo lo demás, ¡incluso la Tierra misma!  La gravedad afecta a todo, desde el insecto más pequeño hasta el edificio más alto.  La vida en la Tierra se ha desarrollado de formas que nos hacen sentir cómodos.  Resistir la atracción de la gravedad mantiene fuertes nuestros huesos y músculos.  La gravedad incluso ayuda a transportar la sangre por el cuerpo.  Pero la gravedad afecta también al planeta de otras formas.

## Encuentra tu centro

Todos los objetos tienen un centro de gravedad.  En una esfera, u objeto redondo, el centro de gravedad se encuentra justo en el medio.  La gravedad siempre atrae a los objetos hacia el centro.  Entonces sobre un planeta, no importa donde estés, abajo es hacia el centro de la esfera.

# El cometa del vómito

Puede ser difícil para los astronautas vivir en el espacio, donde no hay gravedad. Practican viajando en aviones especiales que les dan la sensación de estar flotando. Los aviones se mueven hacia arriba y hacia abajo muy rápidamente. Estos aviones se llaman "cometas del vómito" porque a menudo hacen que las personas vomiten su almuerzo.

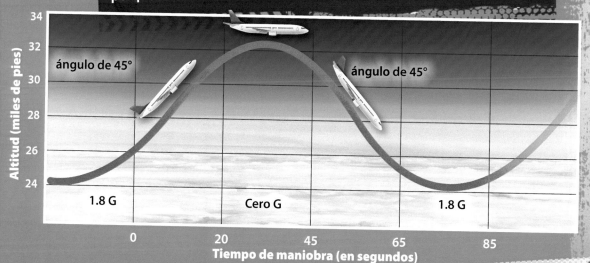

En cada pico, los astronautas sienten 25 segundos de ingravidez. Cuando el avión sube y desciende, sienten casi dos veces la fuerza de gravedad.

# Ciclo de la roca

Quizás te parezca que las rocas están aquí desde siempre y que es imposible destruirlas. Pero están constantemente cambiando debido al **ciclo de la roca**. La gravedad es una de las fuerzas que impulsa este cambio. Todo, desde un grano de arena hasta enormes cañones, siente los efectos de la gravedad.

El viento y el agua rompen las rocas grandes en trozos más pequeños. La gravedad atrae las rocas sueltas al suelo. Si atrae a las rocas pequeñas y caen desde un acantilado, se romperán en trozos aún más pequeños. La gravedad también atrae a las rocas dentro de volcanes y bajo la tierra. Debajo de la superficie terrestre, el calor y la presión de la gravedad convierten a las rocas en nuevos tipos de roca, y el ciclo continúa.

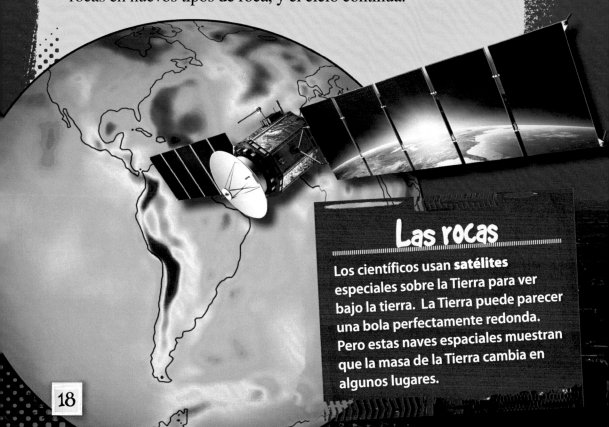

## Las rocas

Los científicos usan **satélites** especiales sobre la Tierra para ver bajo la tierra. La Tierra puede parecer una bola perfectamente redonda. Pero estas naves espaciales muestran que la masa de la Tierra cambia en algunos lugares.

# Pegamento de gravedad

Intenta construir una escultura de roca usando solamente la gravedad como pegamento. Todo lo que necesitas es colocar una roca encima de la otra. ¡Las posibilidades son infinitas!

# El ciclo del agua

La gravedad atrae rocas grandes y minúsculas gotas de lluvia también. El agua en la Tierra ha estado aquí durante miles de millones de años. El **ciclo del agua** reutiliza esta agua todos los días. La gravedad tiene una función importante en este ciclo.

La gravedad hace que el agua de las nubes caiga a la Tierra. Cuando las gotas de lluvia caen al suelo, la gravedad las lleva hacia abajo. Cuando la nieve se derrite, también baja por efecto de la gravedad. La gravedad también lleva el agua a través de capas de rocas y suelo, hacia lo profundo de la tierra. Las plantas usan esta agua para vivir y crecer. Cuando el agua se traslada, puede formar estanques, lagos o arroyos. La gravedad lleva el agua hacia abajo hasta que llega al océano. El agua en los océanos, los estanques y los arroyos también se **evapora**. Se eleva al aire. Entonces el ciclo comienza de nuevo.

Si pudieras ver debajo de la tierra, notarías el movimiento del agua a través de muchas grietas y cavernas.

## Mantener el agua limpia

La gravedad atrae el agua a través de capas de suelo, rocas y tierra. Esto no hace que el agua se ensucie. De hecho, limpia el agua. Este proceso elimina cosas peligrosas que podrían haberse agregado al agua cuando estaba sobre la tierra. La gravedad trabaja con el suelo para formar un potente filtro.

marea alta

marea baja

# Mareas

¿Has estado alguna vez en el océano? A veces, el nivel del agua es alto en la costa. A esto se le llama *marea alta*. Durante la marea baja, el nivel del agua parece encogerse, entonces puede verse más de la costa. La gravedad de la Luna ocasiona este misterioso movimiento.

La gravedad de la Luna atrae la Tierra hacia sí. Y el agua de los océanos de la Tierra también se ve atraída. Esta atracción crea un abultamiento en el agua en ambos lados del planeta. Cuando la Luna está directamente encima, es marea alta. La gravedad de la Luna y la rotación de la Tierra crean dos mareas altas y dos mareas bajas todos los días.

La gravedad es lo que hace que la Tierra y otros planetas sean redondos. Las **partículas** de polvo en el espacio son atraídas a otras partículas. La figura que les permite estar más cerca es la esfera.

# En el espacio

La gravedad no solamente atrae las cosas hacia la Tierra. Atrae a las cosas uniéndolas en todo el universo. Cada noche, vemos a la Luna **orbitar** alrededor de la Tierra. Parece estar girando en círculos a nuestro alrededor. Y así es. Pero la realidad es que se está cayendo hacia nosotros.

Sin la gravedad, la Luna habría salido disparada hacia el espacio hace mucho tiempo. La gravedad atrae a la Luna hacia la Tierra. Pero la Luna sigue volando a través del espacio muy rápidamente. Esto crea una órbita circular. Si la Luna fuera pequeña como una pelota de baloncesto (o un meteoro), se precipitaría hacia la Tierra y colisionaría. Pero la Luna tiene mucha inercia. La inercia y la gravedad se combinan para hacer que la Luna orbite alrededor de la Tierra.

trayectoria que tendría
naturalmente la Luna

Luna

atracción de la Luna y
la Tierra entre sí

órbita de la Luna
alrededor de la Tierra

Tierra

# Microgravedad

En el espacio exterior, los objetos parecen no tener peso. La microgravedad
ocurre cuando la atracción de la gravedad es leve. Es sencillo mover objetos
pesados, como personas, elefantes y hasta estaciones espaciales en un lugar
con microgravedad.

Observa más lejos en el sistema solar. Verás que la gravedad tiene el mismo efecto. Cada planeta de nuestro sistema solar orbita alrededor del Sol, igual que la Luna orbita alrededor de la Tierra. Nuestro Sol es una estrella poderosa. La atracción de su gravedad es fuerte. ¡Es tan fuerte que mantiene a Plutón en órbita a una distancia de 5,800 millones de kilómetros (3,600 millones de millas)!

Las estrellas y los planetas se forman cuando la gravedad atrae y une las partículas de polvo y otras partículas. Primero, el polvo flota en forma de nube. Cuando algo altera la nube, como un cometa, comienza una **reacción**. La gravedad une a las partículas. Al formar pequeños grupos, su masa aumenta. Entonces tienen más gravedad. Atraen más partículas. El proceso se acelera. Finalmente, se forma una estrella o un planeta.

Los científicos creen que existen casi 100 mil millones de galaxias en nuestro universo.

# Agujeros negros

Los planetas del sistema solar orbitan alrededor del Sol. Y todo el sistema solar gira dentro de una enorme **galaxia**. En el centro, hay un agujero negro. Un agujero negro es un lugar donde la gravedad es tan intensa que nada, ni siquiera la luz, puede escapar de su atracción. Los agujeros negros se forman a veces cuando las estrellas grandes se vuelven inestables. La materia en estas estrellas colapsa y forma una enorme masa en un pequeño punto en el espacio. Nace un agujero negro.

galaxia

agujero negro

La gravedad convierte las nubes de polvo en estrellas y planetas.

sistema solar

# Unirlo todo

La gravedad existe desde el inicio de los tiempos. Afecta a todo, desde el tiempo hasta los agujeros negros. Es la que mantiene unido a todo el universo. ¡Hasta podría haber creado el universo! Pero aún hay mucho que no comprendemos sobre la gravedad. Los científicos la estudian detenidamente y prueban nuevas ideas. Quizás algún día vivamos en la Luna, donde hay poca gravedad. O es posible que debamos encontrar formas de crear gravedad. Pero por el momento, debemos comprender la importancia de la gravedad y las muchas formas en las que influye en nuestras vidas.

## Sé una inspiración

Usa lo que sabes sobre la gravedad y la Tierra para inspirar a otros. Visita **https://student.societyforscience.org** para participar en una feria de ciencias. Y, quien sabe, ¡quizás seas el próximo Isaac Newton!

Este es un modelo digital de cómo se vería una base en la Luna.

# Piensa como un científico

¿Cómo se relaciona la atracción de la gravedad con el peso? ¡Experimenta y averígualo!

## Qué conseguir

- cinta de enmascarar
- mancuernas de 1 libra
- papel y lápiz
- regla

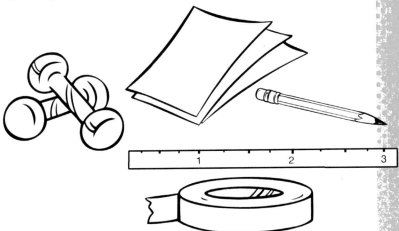

# Qué hacer

**1** Pega con cinta una regla a la pared de forma que la parte inferior toque el suelo.

**2** Pídele a un compañero que salte tres veces sin sostener las mancuernas. (Saltar tres veces ayuda a prevenir resultados extraños que puedan ocurrir con solo un salto). Registra las alturas de los saltos en una tabla como esta.

|  | Sin mancuernas | Con mancuernas |
|---|---|---|
| Salto 1 |  |  |
| Salto 2 |  |  |
| Salto 3 |  |  |

**3** A continuación, pídele a tu compañero que salte tres veces, esta vez, sosteniendo las mancuernas. Registra las alturas de los saltos en la tabla.

**4** Compara las alturas de los saltos. ¿Qué observas sobre las alturas de los saltos con las mancuernas en comparación con los saltos sin ellas?

Sin mancuernas     Con mancuernas

# Glosario

**celestes**: de o relacionados con el cielo

**ciclo de la roca**: un modelo que describe los cambios que atraviesan las rocas como resultado de los procesos de la Tierra

**ciclo del agua**: un modelo que describe los cambios que atraviesa el agua, incluidos precipitación, evaporación y condensación

**evapora**: cambia de líquido a gas

**fuerza**: el empuje o la atracción que se ejerce sobre un objeto

**galaxia**: un sistema de estrellas, gas y polvo que la gravedad mantiene unido

**inercia**: la propiedad de la materia en la que los objetos inmóviles permanecen en reposo y los objetos en movimiento continúan moviéndose a la misma velocidad, hacia la misma dirección

**materia**: todo lo que tiene masa y ocupa lugar en el espacio

**orbitar**: moverse alrededor de algo en una trayectoria curva

**partículas**: pedacitos muy pequeños de algo

**reacción**: un cambio que ocurre cuando se combinan dos o más sustancias

**satélites**: objetos en el espacio que orbitan alrededor de objetos más grandes

# Índice

# ¡Tu turno!

## La gravedad en acción

Visita un parque cerca de tu escuela o tu casa. Sube y baja el tobogán. Trepa por las barras, recórrelas y baja. Balancéate en el columpio. Gira en el carrusel. Haz una lista de las formas en las que sientes los efectos de la gravedad.